*Cartas que respiram,
histórias que inspiram*

Editora Appris Ltda.
1.ª Edição - Copyright© 2021 dos autores
Direitos de Edição Reservados à Editora Appris Ltda.

Nenhuma parte desta obra poderá ser utilizada indevidamente, sem estar de acordo com a Lei nº 9.610/98. Se incorreções forem encontradas, serão de exclusiva responsabilidade de seus organizadores. Foi realizado o Depósito Legal na Fundação Biblioteca Nacional, de acordo com as Leis nos 10.994, de 14/12/2004, e 12.192, de 14/01/2010.

Catalogação na Fonte
Elaborado por: Josefina A. S. Guedes
Bibliotecária CRB 9/870

M361c
2021
	Marrocos, Simone Maria
	    Cartas que respiram, histórias que inspiram / Simone Maria Marrocos.
	    - 1. ed. - Curitiba: Appris, 2021.
	        75 p. ; 21 cm.
	
	    Inclui bibliografia.
	    ISBN 978-65-250-0339-9
	
	    1. Memória autobiográfica. 2. Cartas. 3. Doenças. I. Título.
	
	                                                                    CDD – 808.06692

Livro de acordo com a normalização técnica da ABNT

Appris
editora

Editora e Livraria Appris Ltda.
Av. Manoel Ribas, 2265 – Mercês
Curitiba/PR – CEP: 80810-002
Tel. (41) 3156 - 4731
www.editoraappris.com.br

Printed in Brazil
Impresso no Brasil

Simone Maria Marrocos

*Cartas que respiram,
histórias que inspiram*

FICHA TÉCNICA

EDITORIAL
Augusto V. de A. Coelho
Marli Caetano
Sara C. de Andrade Coelho

COMITÊ EDITORIAL
Andréa Barbosa Gouveia (UFPR)
Jacques de Lima Ferreira (UP)
Marilda Aparecida Behrens (PUCPR)
Ana El Achkar (UNIVERSO/RJ)
Conrado Moreira Mendes (PUC-MG)
Eliete Correia dos Santos (UEPB)
Fabiano Santos (UERJ/IESP)
Francinete Fernandes de Sousa (UEPB)
Francisco Carlos Duarte (PUCPR)
Francisco de Assis (Fiam-Faam, SP, Brasil)
Juliana Reichert Assunção Tonelli (UEL)
Maria Aparecida Barbosa (USP)
Maria Helena Zamora (PUC-Rio)
Maria Margarida de Andrade (Umack)
Roque Ismael da Costa Güllich (UFFS)
Toni Reis (UFPR)
Valdomiro de Oliveira (UFPR)
Valério Brusamolin (IFPR)

ASSESSORIA EDITORIAL
Natalia Mendes

REVISÃO
Luana Íria Tucunduva

PRODUÇÃO EDITORIAL
Jaqueline Matta

DIAGRAMAÇÃO
Daniela Baumguertner

CAPA
Eneo Lage

COMUNICAÇÃO
Carlos Eduardo Pereira
Débora Nazário
Kananda Ferreira
Karla Pipolo Olegário

LIVRARIAS E EVENTOS
Estevão Misael

GERÊNCIA DE FINANÇAS
Selma Maria Fernandes do Valle

COORDENADORA COMERCIAL
Silvana Vicente

Dedico este livro ao meu porto seguro, minha base, meus filhos, Guilherme e Gustavo, meu marido e meus pais.

Dedico a todos os pacientes que sofrem por suas doenças, mas que lutam bravamente por dias melhores.

Dedico ao meu irmão André, (in memoriam), pelo médico tão querido e amado que foi, e por tudo o que a doença lhe tirou precocemente e lhe privou de viver.

Agradecimentos

Primeiramente, agradecer a Deus, pelas pessoas, oportunidades e conquistas que coloca diariamente em minha vida.

À minha mãe, uma mulher de garra, que me ensinou que nesta vida se a gente não serve para servir, não serve para viver. Tudo o que tenho e sou devo a ela. Muito obrigada pelo amor incomensurável dedicado a mim, aos meus irmãos e aos meus filhos.

Ao meu pai, Hermano, por tudo o que me ensinou de integridade, respeito, honestidade e amor à leitura. Obrigada por guiar a mim e a meus irmãos pelo caminho do Bem.

Ao meu marido, Martone, companheiro dos momentos bons e ruins, que não só acredita, como sempre me mostra que eu posso ir muito além. Muito obrigada por dividir comigo esta caminhada e pela família linda que formamos.

Aos meus filhos, Guilherme e Gustavo, por despertarem sempre o que há de melhor em mim. Vocês são a melhor coisa deste mundo. Vocês despertam a vontade de ser melhor a cada dia, de buscar sempre o melhor, obrigada por terem me escolhido como mãe.

À minha querida sobrinha Bárbara, tão doce e tão forte. Você é a filha que eu não tive e desejo que sua vida seja linda e doce, como você é.

Ao meu irmão Henrique, pelas lindas lembranças da nossa infância juntos.

Quero agradecer a meus queridos mestres, professores, preceptores, orientadores, amigos, médicos. Todos que influenciaram positivamente em algum momento da minha vida. Vocês deixaram marcas importantes, e influenciaram minhas escolhas. A vocês, muito obrigada.

Para os meus maiores mestres, meus pacientes. Vocês me ensinam a cada dia. Os seus problemas, com suas particularidades, servem de alavanca para buscar na medicina respostas para ajudá-los. Mais do que isso, vocês me ensinam sobre a vida. Vocês são o motivo para eu buscar ser uma médica melhor e mais completa. Obrigada.

Certamente, aqui não caberiam todas as pessoas pelas quais tenho gratidão. Obrigada a todos aqueles que contribuíram para a construção desta história.

Comprimidos aliviam a dor, mas só o amor alivia o sofrimento.

(Patch Adams)

Apresentação

A falta de ar sempre esteve muito presente na minha vida. Na verdade, o sofrimento causado por ela ocupa espaço na minha história há longo tempo.

Desde criança, via minha mãe padecer desse mal. Ela é asmática e presenciei várias crises. Ela, faminta pelo ar, chorava desesperada enquanto tentava fixar a máscara de nebulização em seu rosto. Sua face era de angústia. Eu, por não saber ajudá-la, sentia o amargo sabor da impotência. Ela chorava de raiva; eu, de inquietação. Aqueles momentos me marcaram muito.

Cresci e tornei-me médica pela Universidade Federal de Pernambuco. Mas, de alguma maneira, a falta de ar e o sofrimento causado por ela me perseguiam.

Lembro-me, quando ainda universitária, da chegada ao hospital de um paciente jovem que agonizava em sua falta de ar. Após tratamento e melhora clínica, chamou minha atenção o seu semblante sereno ao retomar o ar e ao agradecer ao médico. Não era um simples "obrigado". Era um "obrigado por me devolver a respiração".

Destino ou não, escolhi a pneumologia como minha segunda residência, e desde então o desconforto respiratório e as suas várias faces (de agonia, dor, terror, angústia, impotência, desesperança) se tornaram um desafio diário na minha vida.

A inquietação em ver alguém com falta de ar é a mesma que me impulsiona para ajudá-lo. E sinto o quanto é gratificante poder melhorar a vida dos pacientes que agonizam com fome de ar e aliviar seu sofrimento. Ainda consigo ver a face daquele paciente em outros rostos.

Hoje, continuo tentando compreender melhor a dispneia e sigo em busca do Bálsamo para aliviar o sofrimento dos pacientes, conforme prometi no dia em que reafirmei o Juramento de Hipócrates.

Mas como ajudá-los se não compreendermos como os pacientes se sentem em relação à sua doença, quais os impactos causados em sua vida? Como enfrentam as adversidades e limitações, quais são as suas verdadeiras necessidades? É preciso conhecê-los além do exame físico, das radiografias, das tomografias. É preciso resgatar uma técnica simples, porém extremamente poderosa, como o vínculo entre o médico e o paciente.

Quem melhor do que o próprio paciente para nos contar sobre suas dores? Partindo desse princípio, surgiu a ideia das cartas, de convidar pacientes com doenças respiratórias crônicas para escreverem uma carta para a própria doença.

E por que não as cartas para alcançá-los? Uma ferramenta que remete à simplicidade, a emoções. Tão rara nos dias de hoje.

Este livro foi baseado na dissertação de mestrado "Promoção de Saúde voltada a idosos com doenças respiratórias crônicas: Cartas para minha Doença e Grupo Inspira-Ação".

Quando me perguntam se eu cuido de doenças respiratórias, respondo que não, é muito mais do que isso. Cuido de pessoas, com nomes e histórias de vida, com problemas respiratórios.

Prefácio

É uma linda obra literária sobre empatia. Este livro é um belíssimo fruto do mestrado da autora na área de Psicologia e Saúde Mental, mas ela é médica e mostra muito bem toda a sua sensibilidade. Assim, peço para que o leitor não espere por uma obra acadêmica ou técnica científica, mas também o é.

Posso confessar também como médico que este livro vai muito além. É o relato profundo, verdadeiro e elegante para entendermos os medos, angústias, expectativas, alegrias e conquistas dos pacientes portadores de doenças respiratórias crônicas com falta de ar no seu cotidiano.

Fazer-se passar pelo outro e saber ouvir são muito bons exemplos de humanidade. É a empatia. Pedir aos pacientes para que escrevam para a sua doença os fez perceber seus próprios sentimentos mais profundos. É muita sensibilidade. Assim, a autora pôde conhecer e fortalecer as suas orientações médicas com melhor direcionamento à recuperação dos pacientes de forma afetuosa e precisa, além dos medicamentos, exames e/ou procedimentos.

Dessa forma, neste livro, os pacientes poderão se ver nos relatos de outros. Os familiares dos pacientes poderão perceber a beleza dos seus cuidados. Os profissionais de saúde poderão enriquecer seus atendimentos, passando-se e ouvindo o próximo. Assim, querido leitor, este livro poderá ser bem marcante para você, como foi para mim.

Guilherme Jorge Costa

Médico Pneumologista, doutor em Oncologia (Inca/Imip)

Sumário

1

A história de Eduardas e Severinos 18

2

Os retalhos da colcha 22

3

Vão-se os anéis, mas também os dedos 26

4

A perfeição trabalha em silêncio 30

5

Não consigo, não posso mais 33

6

A difícil missão de ser completo sem estar inteiro 40

7

Um difícil jogo chamado adaptação 43

8

Sobre os superpoderes 48

9

Sobre a arte de aliviar as dores 52

10

Muito além das medicações inalatórias 56

11

Escrevendo a sua história 58

12

"Nascemos para sermos vencedores" 63

13

Agora, mãos na massa 68

Referências 73

Outubro de 2017

Prezada Doutora,

Nesses últimos três anos, fui surpreendida com inúmeras dificuldades, sofrimento e angústia, dificuldades essas que pensei que não iria suportar. Em fevereiro de 2014, comecei a sentir uma leve tosse, mas constante. Passaram alguns meses e só em setembro do mesmo ano procurei um médico [...]. Só que essa época engravidei [...] e não continuei o tratamento. Logo veio o diagnóstico que meu filho tinha uma malformação renal. [...] Nessa mesma época, meu marido descobriu que estava com CA; eu dentro de um hospital e meu marido doente, desesperado. [...] Em maio de 2016, ele faleceu. Meu filho está muito bem, saudável, cheio de vida. Quanto a mim, alguns meses atrás, comecei a ficar cada vez pior da tosse, cansada ao andar ou fazer minhas atividades diárias, então em setembro consultei-me com você, Doutora [...]. Quando a senhora viu [os exames] e começou a explicar, me veio uma sensação de morte, e tomou conta de mim. [...] Daí em diante meus dias se consumiram em lágrimas, pranto e desespero. [...] Tenho medo de morrer, não pela morte em si mesmo, mas por conta de quem irá cuidar dos meus filhos que já não tem pai? Minha médica está sendo um anjo enviado por Deus para me ajudar. [...] Nesse momento, estou encarando tudo com muita força e coragem, não sei ao certo o que virá, o que vai acontecer, apenas estou vivendo meus dias com ânimo, aproveitando cada momento ao lado dos meus filhos, da minha família. Entreguei minha vida nas mãos do senhor Deus, sei que Ele cuidará de mim, não vai me abandonar. Mais uma vez lhe agradeço por tudo e que continue me acompanhando nessa jornada chamada vida. Um forte abraço, Deus nos proteja de todo mal.

Eduarda, 42 anos, com quadro de Fibrose pulmonar, uma doença que transforma o pulmão em tecido de cicatrização e o impede de exercer sua principal função, a de oxigenar o sangue. Encontra-se em avaliação para transplante pulmonar.

1

A história de Eduardas e Severinos

Você acabou de conhecer Eduarda. Em breve, irá conhecer seu Severino, dona Zuila, dona Quitéria, dona Maria. Pessoas diferentes, com idades variadas, de cidades diversas, com vidas completamente distintas, e inseridos em diferentes contextos. Porém, o que essas vidas tão diferentes guardam em comum?

São pessoas com alguma doença crônica de origem pulmonar. Compartilham a falta de ar incapacitante, a tosse e o fardo de padecer de uma doença de longa duração, sem cura.

Poderia estar me referindo a qualquer outra doença crônica – cardiopatia, diabetes, doenças do fígado, lúpus, câncer, doenças de pele, doenças neurológicas. Doenças diferentes que se assemelham pelo fato de levarem sofrimento a todos os seus pacientes e de tirar-lhes a esperança, um pouco a cada dia.

Certamente, você conhece alguém assim, Eduardas, Severinos, Zuilas, Quitérias. Pessoas com doenças que foram se instalando sem nenhuma autorização. Como uma montanha-russa, essas doenças cursam com altos e baixos e, muitas vezes, permanecem por longos períodos no trajeto mais baixo. Expõem o indivíduo a situações inesperadas, não desejadas, que vão surgindo assim, gradativamente. Condições que limitam, sufocam, privam e os fazem sentir-se inferiores. Privação da saúde, da liberdade, dos sonhos e, finalmente, da vida. Doenças traiçoeiras que aprisionam, fazem reféns e vítimas.

Os cardiopatas, por exemplo, lidam com falta de ar ao realizarem o menor esforço possível, ou até mesmo sem fazer esforço nenhum; precisam dormir com vários travesseiros porque não conseguem se deitar completamente devido à falta de ar; têm que lidar com as pernas inchadas ao final do dia; muitas vezes, acordam como se estivessem afogados em sua própria doença; e a dor no peito é, muitas vezes, um aviso de que as coisas não andam bem.

Conheço diabéticos extremamente apaixonados por doces, justo eles, diabéticos. Meu pai é assim. Os diabéticos, apesar de aparentemente "assintomáticos", estão sujeitos a complicações diversas, desde um episódio de hipoglicemia, o qual pode fazê-los perder a consciência, até quadros mais graves, como cegueira, amputação de um membro, passando por problemas renais, até ficar dependente da hemodiálise. Muitos são conscientes das complicações, porém, lidar com a rotina de medicamentos e, principalmente, com a privação de alimentos é uma habilidade difícil de se lidar. Os hábitos alimentares guardam uma relação importante com emoções, com recompensa, com prazer e, muitas vezes, funcionam como uma válvula de escape para lidar com ansiedade e estresse.

Imagino a dor de uma mãe negar doces a uma criança porque ela é diabética, ou não poder levá-la a uma festinha infantil. Também sou mãe e sei o quanto as crianças amam os doces. Se não for bem trabalhado, isso pode levar à revolta não só na mãe, mas também na criança, e pode se refletir negativamente na vida adulta.

Pacientes com câncer que lidam com a dor de conviver com a incerteza; obesos mórbidos que acordam de madrugada para atacar a geladeira. Como é difícil lidar com privações e limites. Que atire a primeira pedra aquele que nunca fraquejou diante das suas próprias limitações.

Vivenciei a dor de ver uma pessoa muito amada morrer sangrando, ainda jovem, decorrente de uma complicação de uma doença hepática. Até hoje me lembro da sua imagem no leito do hospital. Acredito que o curso final da doença tenha sido antecipado porque ele não conseguiu lidar com suas limitações e com suas privações. E quem está pronto para isso? Somos humanos, cheios de imperfeições.

Presenciei paciente que teve a perna amputada por complicação decorrente do cigarro e no pós-operatório imediato foi flagrado fumando. Era meu estágio obrigatório de cirurgia, e o paciente estava internado na enfermaria de cirurgia vascular. A maneira paradoxal com que ele conseguia lidar com a perda da perna era justamente fazendo aquilo que provocou a amputação do seu membro.

E, muitas vezes, um mesmo indivíduo é "sorteado" para ter várias doenças crônicas. Às vezes, elas estão interligadas. Outras vezes, como numa cascata, uma é consequência de outra. É um paciente renal crônico com diabetes, hipertensão, cardiopatia. Ou um paciente tabagista com doença pulmonar associada a uma doença de vasos sanguíneos.

Cada paciente conhece suas dores e limitações. Não há doença boa. Eu poderia classificar as doenças em dois grandes grupos, as que maltratam e as que maltratam ainda mais, não importa. Ambos os grupos de mazelas levam os indivíduos a limitações e a dores das mais variadas. Dores do corpo e da alma.

> A gente sabe que sofre como que vai morrer. Não posso fazer nada, se levantar, nem ir ao banheiro, não posso, porque quando eu chego lá, fico cansada [...] Num deixa eu ficar sussegada, num deixa eu conversar, num deixa eu respirar bem, eu fico com aquele calor, eu fico me acabando, maltratou muito, muito, muito, eu num tenho nem palavra pra dizer tanta coisa. E assim eu tô vivendo [...]. Sobre isso, é pesado, é forte, a gente se maltrata. (Dona Quitéria, 86 anos).

E essa nuvem cinzenta envolve não só o paciente, envolve também as famílias e parece não passar nunca, ofuscando o brilho do sol, deixando a vida com tons mais cinzas. Mas a vida está lá, pulsando por debaixo dos escombros e pedindo socorro.

Quero agora pedir que pense em alguém com alguma doença crônica. Às vezes, é alguém que está tão perto, um pai, um irmão, uma mãe, um filho, um amigo, seja quem for, pense em alguém muito querido. Quero convidá-lo, querido leitor, a adentrar o mundo dessas pessoas e vê-los a partir de um novo ângulo, e a se colocar no lugar deles, nem que seja por alguns instantes. Vem comigo.

2

Os retalhos da colcha

Escolhi cuidar de pacientes com doenças pulmonares. E durante o acompanhamento desses pacientes, o processo de sair do meu lugar e me colocar no lugar do outro permitiu que eu os visse além da ciência, fora da minha zona de conforto. Quando a gente se pergunta "e se fosse comigo?", consegue perceber o paciente de outra maneira. Os pacientes com doenças pulmonares têm outros sintomas além da falta de ar angustiante, além da tosse incapacitante.

Eles sofrem com as limitações que as doenças trazem e, como um espelho, refletem as suas dores nas mais diversas áreas da vida, na família e nos amigos, no trabalho e na vida social. Na relação com ele mesmo. Cada um conhece suas dores, suas fraquezas. E a doença vem testar o limite de resistência do indivíduo.

Uma mesma doença não é percebida da mesma forma entre as pessoas, pois cada uma carrega uma bagagem diferente. As experiências de cada um vão lapidando a lente de aumento e dando ou tirando as cores do mundo visto através das lentes. Por isso, cada pessoa enxerga e percebe um acontecimento de forma diferente.

Isso pode repercutir de forma mais positiva ou mais negativa em outros aspectos de vida. Talvez, se aprendêssemos a perceber as coisas por outra perspectiva, poderíamos lidar com as dificuldades de forma mais leve.

É certo que doença interfere de forma negativa sobre a qualidade de vida. Não é só uma questão de perspectiva. Não venho aqui discutir o conceito mais correto de qualidade de vida, pois é algo muito complexo e não se tem um consenso sobre a definição mais adequada. Em relação à qualidade de vida, não há certo ou errado, existe o sentir-se bem com você mesmo.

Porém, de nada adianta ser o homem mais rico do mundo se estiver vegetando num hospital. Alimentação, lazer, dinheiro, felicidade, saúde... são peças que se encaixam para que possamos nos sentir inteiros. Mas a doença vem e, sem permissão, arranca um pedaço, e mais outro, e nos deixa incompletos, pela metade, faltando pedaços.

A ciência, com suas tecnologias e avanços, prolongou os anos de vida dos doentes crônicos; melhorou sintomas, reduziu internamentos, evitou mortes e, com isso, impactou positivamente a qualidade de vida. Desenvolvemos medicações e tratamentos cada vez mais modernos e eficazes, com menos efeitos colaterais. E tudo isso levou a uma melhora inquestionável no dia a dia desses pacientes.

Porém, apesar de tanto conhecimento, o paciente crônico ainda é um grande desafio para a medicina. Sabemos muito sobre o desenvolvimento da doença, entendemos a fisiopatologia das doenças.

Mas, paradoxalmente, ainda não conseguimos alcançar e compreender o sofrimento do doente que está à nossa frente pedindo socorro. Somos tão talentosos e perspicazes, mas somos incapazes de ouvir o grito abafado de dentro deles.

Quando o paciente chega ao médico, é como se trouxesse uma mala carregada de experiências, de dores, de anseios. Mas para abrir essa mala, ele precisa sentir que o médico se preocupa verdadeiramente, que existe algo de humano por trás do uniforme branco.

O que o paciente traz em sua bagagem são dores e sofrimentos de conviver com a doença e suas limitações emaranhadas em sua vida e suas experiências. Tudo interligado, como retalhos formando uma colcha.

A vida pessoal, trabalho, marido, filhos, frustrações, alegrias, tarefas, doença são colocadas num liquidificador e algum desavisado apertou o botão.

Então, quando se adoece, a doença e seus encargos vão se refletir e interferir na forma como a gente lida com as outras pessoas e até com a gente mesmo. Porém, isso varia de pessoa para pessoa. Algumas gritam, outras choram, umas brigam, outras conseguem sorrir. Fato é que a forma como a pessoa enxerga sua doença vai se refletir em outros aspectos da vida, de maneira mais positiva ou mais negativa. Por isso, é tão importante ajudar o paciente a encontrar um novo sentido.

Para isso, é importante entender o que essas pessoas sofrem. Para entender a plenitude da doença, não basta saber seus sinais e sintomas e entender como funciona. É preciso compreender o que está por trás daquele sorriso ou "daquela cara emburrada" e que faz parte de uma história.

Cara amiga, doença,

*Amiga porque você tem sido a **companheira inseparável** desde a adolescência e hoje tenho mais de 70.*

*Você veio devagar, sob a forma de gripe e se firmando: peito cheio de secreção, chiados, cansaço físico, falta de ar; assim, instalou-se **sem qualquer autorização**. Você não imagina o quanto já me fez sofrer [...] Quando menos esperava, nos momentos mais importantes da minha vida, sua presença me deixava cada vez mais triste e decepcionada. **Sentia-me inferior, limitada.** Com o tempo, aumentava os sintomas. Sempre que preciso fazer qualquer coisa diferente, tenho que me preparar para sua chegada. Sabe, esse relacionamento é antigo, mas **nunca me acostumei. Nunca aceitei** sua companhia e você insiste em me incomodar. Lembro-me que, quando jovem ainda, **tinha medo de me aproximar das pessoas, medo de que percebessem sua presença.** No trabalho, quantas faltas, quantas desculpas, e além de abdicar de muitas coisas importantes para mim tinha **vergonha**. Sim, vergonha.*

*Vivia sempre na medicação mas, mesmo assim, vez por outra ia para a emergência. Cuidei dos meus filhos nas suas ou nas minhas crises? E continuo até hoje, **sofrendo com sua presença.** Finjo que não ligo, **mas você me incomoda muito** e sei que terei que suportar sua presença. Subir rampas, degraus ... **a gente se sente impotente.** Apesar de ter sua companhia por muito tempo, gostaria de mandá-la para longe. **Não aceito.** Pena que é um casamento sem direito a divórcio. Você continuará comigo.*

Dona Zuila, 74 anos, asmática desde a adolescência.

3

Vão-se os anéis, mas também os dedos

Quando se adoece, outras áreas também sofrem o abalo e denunciam o impacto, como num prédio que está desmoronando. A doença avisa sua chegada por meio dos sintomas; no caso dos pacientes com doenças pulmonares, um dos principais sintomas é a falta de ar, e isso leva à perda gradativa da capacidade física, de realizar atividades do dia a dia, e também interfere na realização de atividades mais prazerosas.

Não é uma questão de perder apenas a saúde, mas tudo o que está por trás, a perda da autonomia, de fazer as atividades no modo e horário mais convenientes; e passar a um estado passivo, em que o grau de privação é determinado pela gravidade da doença.

Imagine você sendo obrigado a deixar de fazer algo de que gosta tanto, porque ou você não tem mais força ou isso poderia piorar sua doença. A doença faz isso. Priva o paciente dos seus gostos, dos seus prazeres, e é difícil de aceitar.

Quando você deixa de fazer algo simplesmente porque quer é uma coisa; mas quando aquilo se torna proibitivo, uma obrigação, e se transforma em lei, a coisa muda de figura.

Meu pai é um diabético bem na contramão. Ele adora comer, mas adora de verdade. Às vezes, sou mais dura com ele sobre a alimentação, é o meu dever de filha e médica, mas às vezes faço vista grossa. Ele está chegando à casa dos 80, e o envelhecimento por si só já traz várias limitações, aí vem uma doença para extorquir algo tão prazeroso. A doença é assim, desumana, tirana.

A doença interfere também nas obrigações, e muitas vezes torna o paciente incapaz de trabalhar, de produzir. E o trabalho é uma ferramenta que fornece o sustento e, dessa forma, qualidade de vida. Como se não bastasse, a doença traz encargos com remédios, consultas, cuidadores, profissionais de saúde, exames, hospitais.

Agora, imagine uma situação progressiva e permanente, como a de uma doença. De uma hora para outra, ela muda a vida das pessoas e as obriga a viver numa situação financeira bem inferior àquela de antes da doença. E não dá tempo para se preparar. Às vezes, o paciente era a única ou a principal fonte de renda da família; outras vezes, o companheiro precisa reduzir ou até deixar o trabalho para cuidar de um doente em casa. Isso se reflete no orçamento e no estilo de vida da família. As prioridades da casa mudam, agora a doença se torna a prioridade.

Muitas vezes, os planos e sonhos da família vão ficando, junto aos gastos com alimentação, roupa, moradia e educação. A doença vai assim podando e extorquindo os direitos humanos e aumentando as desigualdades sociais.

E nos estágios mais avançados, a capacidade de realizar tarefas diárias também fica comprometida, assim como os cuidados pessoais. Não se pode mais tomar banho na hora que se quer, é preciso esperar alguém disponível para dar-lhe banho. Perde-se a tão almejada independência, aquela a qual se passa boa parte da vida tentando alcançar.

Quando se perde a saúde, a doença é quem manda, estabelece as rotinas e modifica os hábitos da pessoa. Não são apenas os anéis, mas também os dedos. As perdas são incalculáveis.

Adquire-se insegurança, o medo de que as pessoas percebam que se está doente, o medo das crises. Sim, porque a doença cursa com piora dos quadros que às vezes exige até internamento. O internamento traz consigo o medo da proximidade da morte. Ganha-se o medo de interromper sonhos ou ficar distante das pessoas que amamos, medo de deixar os filhos desamparados, o medo de não saber o que esperar. Só restam as incertezas.

Junto com a doença, vem ainda a ansiedade e a depressão por não se aceitar como doente, seja por não aceitar as condições impostas pelo malfeitor, seja por se sentir inferior. Não aceitar a doença, a companheira inseparável. Revolta por ter se perdido em algum lugar lá atrás que não se consegue mais alcançar. E aí vem a raiva e a impotência.

Ao paciente, cabe agora se adaptar ao novo, redescobrir-se e encontrar novos caminhos, traçar novos planos, reinventar-se. Aos profissionais de saúde, amigos e familiares, ajudá-los nessa jornada e estimular potencialidades.

Este livro surgiu justamente a partir da observação atenta desses pacientes e de suas limitações no convívio com a doença e da forma como eles acomodam a doença em suas vidas. Daí surgiram questionamentos acerca de ferramentas e instrumentos que pudessem ajudar na difícil missão de compreender o sentido que o paciente dá à sua doença e ajudá-lo nesse desafio de promover saúde na doença.

No próximo capítulo, você vai entender melhor o universo das pessoas com doenças respiratórias crônicas, e compreender o sofrimento de viver com falta de ar, um dos principais sintomas dessas doenças. Peço agora que me dê a sua mão para que possamos juntos abrir a porta da casa dessas pessoas, peço que tire a venda dos olhos, abra o coração e me dê a oportunidade de aprendermos juntos nesta jornada.

Olá, Doença,

*A partir do momento que chegastes em minha vida, mudou completamente a minha rotina, pois **nem consigo tomar banho sozinha, nem na hora que quero.** Passei a não fazer mais o fogo de carvão, nem varrer meu terreiro, nem poder varrer minha casa, **nem forrar minha cama;** não poder conversar, nem assoviar, nem cantar. **Não consigo fazer mais as coisas que eu gostava.** Há 7 anos atrás, eu podia fazer tudo que eu gostava, mas você chegou acabando com a minha vida, **sua desgraçada, não sou uma pessoa completa** por não conseguir fazer minhas coisas. Você é **destruidora de vida, és malvada,** judia demais com a vida das pessoas. Por que **sois amaldiçoada** e gosta de maltratar tanto quem a tem na vida? Por favor, **devolve minha saúde,** ela é muito importante para mim. [...] **Sua infeliz** que só sabe roubar a felicidade e a saúde das pessoas.*

Dona Quitéria, 86 anos, Doença Pulmonar Obstrutiva Crônica, o esposo faleceu por complicações da mesma doença.

4

A perfeição trabalha em silêncio

Querido leitor, para começar, vamos fazer o seguinte, mas não faça isso se tiver algum problema de saúde: tape seu nariz com os dedos indicador e polegar da mão direita, fique com a boca fechada e tente ficar assim por algum tempo...

Quanto tempo você conseguiu? Cinco segundos? Dez segundos? Não dá para ficar assim muito tempo, né! É uma sensação angustiante, o coração acelera, você não aguenta, libera o nariz e vem junto uma fome de ar profunda e, finalmente, você se sente aliviado.

Qual a sensação que você teve? Certamente, não foi confortável! Foi algo como um sufocamento? Uma sensação de asfixia? Uma agonia?

Na verdade, você experimentou o conceito de falta de ar. Bom, esse costuma ser um dos principais sintomas dos pacientes com problemas respiratórios. A diferença é que eles nem sempre chegam à fase de alívio ou, para experimentá-lo, precisam recorrer a medicamentos. Outra diferença é que a sua sensação durou em torno de cinco a 10 segundos. Esses pacientes (CON)VIVEM com essa sensação, e em alguns momentos até piora, precisando recorrer a medicações extras.

Algumas vezes os remédios acabam não resolvendo e eles precisam ser internados e, em casos extremos, o organismo, exausto de tanto lutar, cede à luta. Esse é o momento em que o paciente é intubado, é passado um tubo pelas vias aéreas e esse tubo é ligado a um aparelho que respira por eles, porque o pulmão não está conseguindo mais fazer o seu trabalho e precisa descansar um pouco para se recuperar. Angustiante pensar nisso, não é?

Por que esperamos adoecer para nos dar conta da nossa saúde hoje? Por que esperamos faltar o ar para que possamos perceber a importância da nossa respiração? Nosso corpo funciona as 24 horas do dia, sem tirar férias, nosso coração não tira um descanso, nossos pulmões não tiram folga! Nosso organismo é perfeito e funciona silenciosamente, mas nem paramos para perceber esse silêncio tão divino e agradecer. Por que é preciso que algo comece a desandar para que possamos dar valor à saúde? Não continue esperando!

Agora, sente-se confortavelmente, feche os olhos e respire profundamente até não conseguir mais encher os pulmões... solte o ar lentamente pela boca. Repita esse processo por mais duas vezes. Deu uma paz?

Agora agradeça, retome o gás e vamos seguir...

*Depois **dessa maldita**, não tive mais prazer, porque sofro muito com ela, sempre tomando remédio. Mas **confio em Deus que vou vencer**, porque sei que é difícil, porque é um mal muito triste. Essa semana eu estou bem, quando não estou, volta tudo de novo. **Gasto muito com remédios, não posso mais trabalhar como trabalhava antes. Hoje só dependente dessa infeliz desta doença.** Sabendo que é um mal quase sem cura. Mas mesmo assim **ainda tenho fé de vencer essa maldita doença.** Uma coisa que destrói minha vida, **hoje vivo vegetando** porque sei que minha saúde é difícil de recuperar. Como eu era saudável... Ficava com meus amigos, **hoje não posso mais. Confio em Deus que ainda hei de vencer.** Porque encontrei uma doutora enviada por Deus, **minha felicidade está nas mãos de Deus e da minha médica.** Minhas palavras são estas de tristeza, mas sem conforto também. Minha família me apoia e dá esperança nas horas difíceis. Nada mais.*

Seu Severino, 70 anos, Doença Pulmonar Obstrutiva Crônica.

5

Não consigo, não posso mais

A falta de ar é um sintoma tão importante que a sua percepção é usada em várias doenças para avaliar qualidade de vida. E a percepção de falta de ar é muito subjetiva, varia entre os pacientes. Como avaliar algo subjetivo somente com os parâmetros objetivos da ciência? E quem mais importante do que o próprio paciente para nos contar sobre o que sente, sobre o que ele perdeu com a doença? Quem melhor do que eles para nos fazer compreender as suas dores!?

Para isso, convidei pacientes com problemas respiratórios crônicos a escreverem uma carta para a sua doença. Com as cartas, o paciente permitia que eu o alcançasse no íntimo e o enxergasse de forma mais clara. As cartas foram feitas à mão pelo próprio paciente, algumas foram ditadas para mim. Mas todas foram feitas com letras esculpidas por mãos regadas de sentimentos e resultaram nos trechos que você vem lendo desde o começo do livro.

Peço, querido leitor, que faça uma leitura pausada e que, de tempos em tempos, mesmo que por alguns instantes, o leitor se coloque no lugar dessas pessoas e se pergunte: "e se fosse comigo?" Isso se chama empatia e acredito ser um ingrediente fundamental para um mundo mais humano.

O que é sofrimento para mim pode não ser para você. Todo sofrimento é doloroso. As pessoas sofrem por motivos diferentes. Cada pessoa é única, cada um tem sua história de vida e isso interfere como as pessoas encaram os diferentes tipos de sofrimento.

Existem ainda poucos estudos nos últimos anos abordando o sofrimento causado pela doença. O interesse sobre esse assunto vem se expandindo há pouco tempo. Antes, o foco era mais a doença, a fisiopatologia, a biologia molecular.

Mas, felizmente, percebemos que não há doença sem a pessoa. Não é somente o coração, é alguém com alguma doença cardíaca. Não é somente o pulmão, é Maria e sua história. A doença afeta alguém que tem nome, que tem uma história de vida e sentimentos. E as vidas estão interligadas. O paciente não sofre sozinho, ele carrega toda a família junto.

O sofrimento que venho apresentar aqui é o das pessoas que têm uma doença crônica, mais especificamente, uma doença pulmonar crônica. Asma, Doença Pulmonar Obstrutiva Crônica, Fibrose Pulmonar, Fibrose Cística, Câncer de Pulmão. Mas poderia ser qualquer outra doença crônica. Esses pacientes representam os doentes crônicos; e as suas cartas, as vozes abafadas pelas dores das doenças.

A partir do momento em que respirar deixa de ser um processo natural e passa a ser algo desconfortável e penoso, isso gera angústia e frustração.

A começar pelos sintomas e limitações físicas dos doentes respiratórios crônicos, a falta de ar, que vai desde um quadro mais leve até situações em que há desconforto respiratório até em repouso. A tosse é outro sintoma comum e vai desde quadros mais controlados até serem extremamente incômodos, gerando dores no peito e, às vezes, até necessitando de internamento para controle.

As limitações físicas chegam a tal ponto que os pacientes começam a evitar esforços com o objetivo de se preservarem e poupar energia. Para isso, eles bolam estratégias para "enganar" a infeliz da doença. Optam por rotas diferentes, evitam ladeiras e escadas ou, se não tiver jeito de evitar, intercalam a subida com pausas. Eles começam a planejar cada passo do dia. O problema é que essa estratégia de evitar esforço acaba piorando ainda mais a sua capacidade física. E aí o tiro acaba saindo pela culatra. É isso que acontece com o organismo dos pacientes com pneumopatias.

> *A falta de ar causou na minha vida várias limitações, é uma doença horrível, impossibilita a pessoa de fazer muitas coisas. [...] fazer faxina em casa não faço mais, pois o esforço de passar pano na casa, a poeira dos móveis já causam cansaço, a falta de ar. [...] Quando vou em lugares que têm ar-condicionado, começa a tosse e o cansaço juntos. **Subir ladeiras, tenho que fazer várias paradas para descansar**, pois se eu subir rápido, vou tentar subir nem consigo, pois o cansaço ataca. Fumaça de carne, cigarro, ou qualquer tipo de fumaça, já me atacou cansaço e tenho que tomar logo remédio. (Dona Fátima, 66 anos, Doença Pulmonar Obstrutiva Crônica).*

Há um período em que os sintomas da doença se tornam ainda piores e mais graves, são as chamadas crises e exacerbações. São períodos em que o paciente, para sair da crise, precisa fazer uso de medicações além daquelas que o mantêm controlado. A sensação é de claustrofobia, de estar sendo estrangulado, ou até de estar morrendo. É uma verdadeira luta pela vida e uma das experiências mais assustadoras. Às vezes, essa piora no quadro é tão intensa que chega a ser similar a uma morte real. As crises são cada vez mais insuportáveis, aumentando o medo do paciente de "experimentar uma nova morte", porque, na verdade, ninguém quer morrer.

> *Porque do jeito que a gente se vê, minha gente, que diz, eu vou morrer nesse instante, que a gente pensa que não vai escapar daquela [crise] e escapa, é muita felicidade. Que ninguém quer morrer, nós só quer viver, só quer aturar mais. (Dona Conceição, 66 anos).*

Com o avançar da doença, há uma perda gradativa da autonomia. E faz com que os pacientes se tornem cada vez mais dependentes de outras pessoas.

> ***Perdi minha liberdade** pois não durmo, canso com facilidade, tenho frequente desconforto. Por sua causa [...] Causo preocupação. Antes costurava que tanto gostava, deixei de fazer. E para desfrutar da vida nessas condições, você me fez **prisioneira** de uns medicamentos. Eu gostava de caminhar, não tenho mais*

*condições. Quando eu estou muito cansada, eu fico muito nervosa. Eu noto que quando estou muito cansada, eu faço muito xixi. [...] Quando eu cansava, sentia dor no peito. Eu **me sinto inútil** sem poder fazer as coisas. Eu gostava de cuidar da minha casa, mas agora não tenho condições. Vivo agora só **dependendo** da família, dos filhos. (Dona Eugênia, 87 anos, asmática desde os 16 anos).*

O paciente deixa, paulatinamente, de ser um sujeito ativo para um estágio em que perde a independência; ele deixa de realizar as próprias tarefas ou as delega para terceiros. Parece que o corpo já não obedece mais às ordens e aos desejos. E aí começa a dependência do filho, do marido, do cuidador. E a revolta por se sentir inútil e impotente.

Aí eu me sinto mal, me sinto triste, quando a gente que é trabalhador, minha gente, ter que esperar pelos outros. Aí o cabra tem que ficar com a cara feia, nem que não queira. Uma hora fica abusado, outra hora fica estressada. Mãe, tenha paciência, não faça! Você vem fazer, filha? Você mora longe, tem suas crianças pra ir pra escola, tem seu marido pra dar de comer. (Dona Conceição, 66 anos).

São tantos "não consigo", "não posso mais", "eu fazia, mas agora não dá", expressões que começam a fazer parte de uma nova rotina. Tantas coisas aparentemente tão simples e corriqueiras para pessoas saudáveis. E da incapacidade funcional vem a sensação de impotência, do não ser mais útil.

As doenças respiratórias crônicas têm um custo importante não só para o paciente, mas também para a família e para a sociedade, levam a uma redução da produtividade, dias de trabalho perdidos, hospitalizações, aposentadorias precoces e mortes antes do tempo.

*Grande é Deus. Meu Deus, só queria que eu ficasse boa para criar meus filhos, ele me deu tanta coragem para trabalhar. Mas **hoje eu não consigo**, esse cansaço, esse triste. Eu **fico boa, porque Deus*** *é maior. A graça Dele vai me curar. Tenho vontade de ajudar um doente [...] fazer um favor, ajudar os povos, mas hoje não posso mais.*

Todo canto que eu vou é com remédio no bolso para tomar, e eu não compro nada para mim porque o dinheiro não dá.

Eu tenho um anjo em casa, meu filho, de 18 anos. Ele diz (meu filho mais velho): se a senhora for embora, eu tomo conta dele. [...] de todo jeito eu trabalhava. Aí arrumei outra doença, arrumei só doença. Se não fosse o triste desse cansaço, isso é o que acaba mais comigo, se não fosse esse cansaço, eu trabalhava ainda... esse dinheiro que tenho é para meu remédio, pagar um exame e uma consulta e comprar feijão e arroz. Tudo é comigo. Sustentar tudo, tá tudo caro. Tanta coisa, que eu nem sei dizer nada. Eu nunca esperava de cair nessa, nunca. Com saúde a gente resolve tudo na vida. (Dona Iracema, 78 anos, agricultora aposentada, Doença Pulmonar Obstrutiva Crônica, mastectomia à direita por câncer de mama).

O paciente hesita em aceitar a condição de doente. A imagem que ele tinha e de que se recordava foi destruída em pequenos pedaços e substituída por uma nova que ele não reconhece e não aceita. Aquele corpo parece não ser seu. O paciente se vê "devagar", "inútil", vê-se como "alguém que vegeta". O paciente não sabe como e nem quando se perdeu, mas se lembra saudosamente de um tempo que não volta mais.

Como num efeito dominó, os efeitos colaterais da doença se refletem nos cônjuges, nos demais membros da família e nos cuidadores. Paciente e família estão envoltos pela mesma nuvem de "adoecimento". A doença interfere no cotidiano e na rotina da família, reinando sobre as necessidades dos outros membros da família.

As relações conjugais também sofrem o impacto da doença. Os cuidados relacionados com doença impõem sobrecargas crescentes ao companheiro. Nem todo mundo está disposto a assumir as responsabilidades de cuidar de um doente e, não raramente, relacionamentos se desfazem.

Por tudo isso, a doença gera frustração. Frustração por não conseguir respirar naturalmente, respirar profundamente. O desconforto respiratório é persistente e por várias vezes chega a ser insuportável, sendo a ponta do Iceberg de todo o sofrimento do doente.

*Eu tenho muita vontade de trabalhar, mas mesmo assim **não posso** por causa da minha doença. Tenho vontade de plantar feijão, tenho vontade de rabiscar a terra, tenho vontade de encangar uma pareia de garrote, que **tudo isso eu já fiz,** plantava o dia todinho [...] Saía 5h da manhã e chegava 4h da tarde, criando meus filhos do jeito que Deus prometia, e **hoje vivo numa situação que não estou podendo fazer nada.** Não posso mais lavar uma roupa, não posso mais varrer um terreiro, lavar um prato, **não posso fazer mais nada disso.** Pra mim, eu **estou uma pessoa muito devagar por causa da minha doença.** Mas eu tenho vontade de fazer tudo isso. Tudo isso eu fazia no tempo que eu era nova. [...] Vim parar agora depois dessa doença que tá me prejudicando bastante. [...] Eu tenho muita vontade de melhorar um pouco de saúde. **Tenho vontade de dançar, cantar, brincar, pular, tudo isso eu fazia.** [...] Não sei o que esta doença está fazendo, **esta doença deixa a gente sem paciência,** tem horas que a gente está sem cabeça.*

Dona Conceição, 66 anos, agricultora, Doença Pulmonar Obstrutiva Crônica.

6

A difícil missão de ser completo sem estar inteiro

Por tudo isso, não dá para avaliar um paciente apenas com parâmetros objetivos isoladamente. Não se trata de uma receita de bolo, para compreender o doente mais a fundo é preciso considerar os aspectos subjetivos do paciente, suas percepções e experiências, o papel que ele exerce na família e na sociedade. Não dá para separar DOENÇADOENTE (está escrito assim de propósito) e analisar friamente cada parte. É preciso olhar para o paciente por completo, como um todo.

É preciso considerar como ele está, se frustrado, ansioso ou depressivo. Isso interfere demais nos sintomas do paciente. É como uma via de mão dupla. O estado em que ele se encontra pode piorar a sua falta de ar, assim como a falta de ar interfere no seu estado de ânimo.

A percepção de falta de ar ocorre no mesmo local onde se processam sensações como a fome, dor e sede, que são conhecidas por ativarem a resposta ao estresse. Quem não fica estressado e irritado quando está com muita fome!?

A falta de ar também causa medo, que pode ser tão intenso a ponto de levar o indivíduo a um ataque de pânico. Isso pode ser tão determinante que ele começa a evitar sair de casa.

Medo de ter uma crise em público, diminuição de capacidade física, vergonha da sua condição, todos esses fatores convergem significativamente para o isolamento do paciente.

> *Eu tenho vontade de fazer qualquer coisa e não consigo e não posso, fico cansada. Quero sair e não posso, fico sem ar, me dá aquela ansiedade e eu não posso nem sair do canto. [...]*
> *Tenho vergonha de sair na rua, já que eu não consigo fazer nada. Às vezes eu quero ir na rua, mas não tem com quem sair. Tenho medo de sair de casa pois não tem quem me ajude. (Dona Miriam, 63 anos, asmática).*

Como uma paciente com fibrose pulmonar que adorava ir à missa, mas deixou de fazê-lo por causa de sua tosse. A tosse do paciente com fibrose pulmonar é bem incômoda. A paciente tinha medo de que pensassem que ela tinha uma doença contagiosa. E se afastou das pessoas.

O grande problema é que as coisas vão se somando. A ansiedade e o medo acabam levando o paciente a hospitalizações mais frequentes, ele acaba usando remédios para aliviar os sintomas com mais frequência e fica cada vai mais quieto com medo de fazer esforço. E tudo isso impacta negativamente sobre o seu estado de saúde.

A doença traz ainda a insegurança. Uma preocupação constante com o amanhã e com a morte e suas consequências. O medo de dormir e não acordar mais.

Os medos aterrorizam os dias e as noites. Em seguida vem a tristeza, a raiva, e a revolta.

*[...] Era um tempo que me sentia feliz e útil, me achava com saúde e disposição. Nunca me neguei a fazer nenhum tipo de trabalho [...]. Hoje me encontro em situação complicada, **impossibilitada de fazer o mais simples trabalho**, às vezes me sinto **inútil**. E aí vem a **tristeza. Sou totalmente dependente dos outros, posso fazer nada, só espero a boa vontade dos outros.** Faz mais ou menos um ano e meio que fui diagnosticada com a doença pulmonar, a qual me deixa incapaz de realizar qualquer atividade do lar. [...] me identifiquei bastante com minha médica e tenho uma grande admiração, pois me trata com carinho e é muito atenciosa para comigo. [...] Sou convicta do que ocasionou esse meu problema, muitos anos fumante. [...] **Sou dependente de tudo e de todos,** mas peço a Deus que me mantenha cheia de força e esperança de dias melhores.*

Dona Fernanda, 81 anos, agricultora aposentada,
Doença Pulmonar Obstrutiva Crônica e Cardiopatia.

7

Um difícil jogo chamado adaptação

Para acomodar a doença em sua vida, é preciso iniciar um caminho longo de aprendizado. Aprender a cada dia a lidar com as situações novas que vão surgindo ao longo de qualquer doença, e desenvolver novas habilidades, como um malabarista. Aprender a equilibrar as atividades habituais com as rotinas, muitas vezes extenuantes, dos cuidados relacionados com a doença. Isso é adaptação.

Se pegarmos um peixe que vive em água doce e o colocarmos no mar, ele provavelmente morrerá, pois seu organismo não está adaptado para viver naquele novo ambiente. Nós, não. Nós somos capazes de nos adaptarmos ao "novo ambiente", por mais hostil que seja. Não é simples nem fácil, mas é possível.

É um processo dinâmico, em que são necessárias algumas mudanças e transformações para encarar o novo hábitat. É um jogo de cair e de aprender a levantar. E nesse jogo, ganha mais pontos quem aprende a se levantar mais rápido, a se manter em pé e a fazer negociações, aqueles jogadores mais habilidosos. Quem não aprende a jogar acaba sendo engolido pelo estresse e desenvolve ansiedade e depressão.

Esse jogo começa desde o diagnóstico, momento de impacto profundo em que há uma mistura de medo, angústia, confirmações de suspeitas e até de surpresas desagradáveis. Diagnósticos são difíceis de lidar, soam como sentenças.

E para lidar com o diagnóstico, nada melhor que "um dia após o outro e uma noite no meio". O tempo, com sua sabedoria, ajuda cada um a encontrar o seu ritmo e o tom certo para dançar a música.

A forma de lidar com a doença difere entre as pessoas, mas basicamente podemos agrupá-las em três categorias[1]: o primeiro grupo vou chamar carinhosamente de ANFÍ-BIOS, que saem da água (saúde) para a terra (doença), aqueles que têm potencial de viver nos dois ambientes. É formado por aqueles que aprendem a negociar com a doença, e assumem a posição de piloto da sua vida – são aqueles que conseguiram encontrar um equilíbrio e se adaptam com maior facilidade.

O segundo grupo não aceita de jeito nenhum o fato de ser doente. Ele adota um comportamento de luta constante, para mudar sua situação; lutar pela vida é importante, o problema é quando você faz da vida uma luta. É aquele peixinho que foi tirado da água e se debate o tempo todo até perder totalmente as forças. Mas as forças vão se esgotando e o indivíduo acaba entrando em colapso, vai perdendo as esperanças e adotando sentimentos de incerteza.

O terceiro grupo é o daquela hiena que vivia dizendo "oh dia, oh céus, oh azar!" (lembra!?). É o mais pesado, mais sombrio, é aquele paciente que chutou o pau da barraca, ele acha que sabe tudo da doença e se prende apenas aos aspetos negativos, ao lado negro da força, e acaba adotando ideias permanentes e imutáveis sobre a morte.

É importante estar atento às mudanças que acontecem no paciente para poder ajudá-los. As doenças crônicas preocupam porque interferem na maneira como as pessoas vivem, na qualidade de vida.

Por isso, tudo o que puder ser usado para facilitar a adaptação dos pacientes à doença deve ser estimulado. Portanto, profissionais de saúde, familiares, amigos e cuidadores, e pacientes, precisam estar juntos à procura desse caminho que torna a adaptação mais fácil. O paciente precisa encontrar sentido na doença e no sofrimento, ele precisa ver que existe um mundo além de um céu escuro e nebuloso; um mundo pelo qual vale a pena viver. E para isso, ele conta com a nossa ajuda.

---

[1] DUNGER, C. *et al*. Breathlessness and crises in thecontext of advanced illness: a comparison between COPD and lung cancer patients. **Palliat Support Care**, n. 13, p. 229-237, 2015.

Nossa vida é como uma grande empresa, nossa primeira e mais importante. Se ela não funcionar bem, não pode ajudar as pessoas que dela precisam, entende? Para facilitar essa adaptação, é preciso administrar melhor a empresa, desenvolver novas capacidades para obter resultados melhores e minimizar as perdas, é isso que fazem os empresários de sucesso; é preciso gerenciar a doença e se autogerenciar. Quando falo em resultados melhores, é comparar aos seus resultados anteriores, jamais com os resultados de outras pessoas. Ninguém merece isso, muito menos você.

Os "empresários" mais motivados empregam ferramentas mais eficientes a seu favor. E para isso, é preciso acreditar na própria capacidade de realizar determinadas tarefas e alcançar objetivos, a isso se dá o nome de autoeficácia.

Para entender melhor a autoeficácia, vamos ao próximo exemplo: dois sujeitos saem de mochilão nas costas para fazer uma trilha numa montanha. O objetivo é ver o nascer do sol lá do alto da montanha, ok? Bom, o primeiro, que tem pouca autoeficácia, começa a reclamar que a subida é muito íngreme, que tem muitos mosquitos, que está cansado, que as roupas são desconfortáveis, que está frio, que pode chover, que a caminhada é longa, que é perigoso e desiste pouco depois de começar a caminhada. O seu amigo, que é dotado de muita autoeficácia, só pensa em ver o nascer do sol no topo da montanha e o quanto deve ser linda a vista lá de cima, e que para isso está disposto a enfrentar as intempéries do trajeto. Nesta vida, é preciso ser um pouco aventureiro também, o sol não nasce para todos, só para quem tem muita autoeficácia. Essa propriedade é fundamental para todo ser humano, é ela quem vai fazer a gente correr atrás dos nossos objetivos.

E para ter bons resultados, é preciso bolar um plano, criar estratégias. Nos estudos, no trabalho, nas empresas, nas vendas, nos esportes. O jogo de xadrez, por exemplo, exige que seus jogadores estudem cuidadosamente cada passo para que eles se saiam bem. Todos nós adotamos algum tipo de estratégia em nosso dia a dia, só não damos conta disso. Mas nem sempre as estratégias são boas o suficiente. E aí, é hora de parar um pouco e analisar o que está acontecendo. Isso faz a diferença no que se refere a ganhar ou perder.

Para lidar com a cronicidade da doença e suas limitações, o paciente precisa ser um grande estrategista.

O que você faz ao fim de um dia estressante? Há várias formas de relaxar após um dia "daqueles": ouvir música, tomar um café, ligar para um amigo, tomar um banho quente, fazer uma caminhada, ler um bom livro, meditar ou rezar. Todos adotamos algumas estratégias para lidar com o estresse.

Pense agora em três estratégias que você usa para lidar com o estresse do dia a dia e escreva a seguir:

1. _____
2. _____
3. _____

Figura 1 – Três estratégias para lidar com o estresse do dia a dia

Fonte: https://pixabay.com/pt/illustrations

Isso faz com que você se sinta melhor e mais relaxado? Se sim, por que você não faz uso dessas estratégias mais frequentemente? É preciso jogar ao nosso favor, e não contra. E ninguém mais pode fazer isso por você. Isso pode ter um efeito positivo sobre você e sobre as pessoas com quem se relaciona!

A partir do uso da ferramenta adequada, é possível melhorar a qualidade de vida dessas pessoas. E é por isso que é tão importante saber quais são as estratégias de enfrentamento usadas pelos doentes crônicos. Quando se compreende as necessidades dos pacientes e quais são suas estratégias, é possível intervir com a finalidade de melhorar sua vida.

Vamos conhecer agora estratégias usadas pelos pacientes com doenças respiratórias no enfrentamento da doença.

8

Sobre os superpoderes

Os nossos heróis/pacientes com doenças respiratórias lançam mão de vários poderes para enfrentar a doença e melhorar a qualidade de vida. São as ferramentas de enfrentamento da doença.

Uma delas é por meio do uso das medicações. Porém, muitas vezes a quantidade de medicações associada a rotinas extenuantes do tratamento interfere nos hábitos e o paciente se sente preso à doença.

> *[...] e para desfrutar da vida nessas condições, você me fez **prisioneira** de uns medicamentos. (Dona Eugênia, 87 anos).*

Por outro lado, existe um paradoxo bem importante, ao mesmo tempo em que o paciente se vê como prisioneiro das medicações, ele reconhece que elas são importantes para melhorar seus sintomas e dar-lhe mais confiança e independência. A partir do momento em que o paciente consegue voltar a fazer algumas atividades por causa dos remédios, isso lhe dá liberdade e lhe devolve autonomia.

> *Primeiramente Deus, e depois ela [a médica]. Hoje eu não sei mais o que é cansaço, eu caminho a léguas de pé. Eu tomando remédio de manhã, eu vou pra roça, arranco feijão. [...] eu quebro milho, eu descasco, não sei o cansaço pra onde vai mais, porque nada disso eu fazia. [...] O cansaço, eu não sei que coisa é cansaço, eu tomando a medicação, agora se eu não tomar [...]. (Dona Fátima, 66 anos).*

Da mesma forma, quando o paciente está no auge de uma crise de falta de ar e a medicação consegue aliviar os sintomas, ela consegue tirá-lo de um abismo da sensação de quase morte e devolver-lhe a paz. E quando reduz a frequência e gravidade das crises, diminuindo a necessidade de ir ao hospital e as internações, age diretamente sobre a qualidade de vida, promovendo saúde. E, portanto, as medicações são extremamente bem-vindas quando bem indicadas.

Outra forma de os pacientes enfrentarem a doença é a partir da ligação com algo superior, a partir da espiritualidade/religiosidade. Embora muito discutido o significado de cada uma dessas palavras, não quero aqui polemizar o tema, mas certamente existe uma zona cinzenta em que as duas se misturam e não se sabe quem é quem. É justamente nessa área de intersecção que quero navegar.

De uma forma geral, observo que a maioria dos meus pacientes tem alguma ligação com Deus ou com algum ser superior, independentemente da religião. Eles se colocam aos cuidados de Deus e, dessa forma, acreditam que não serão abandonados. E mais, observo que isso exerce um efeito positivo sobre a maneira como eles encaram a doença, como se, de alguma forma, a fé lhes desse uma proteção contra o sofrimento.

A fé em Deus ou em um poder maior parece suavizar sofrimento e torná-lo mais suportável. Além disso, dá ao paciente esperança de dias melhores e de poder vencer a doença; isso o deixa mais resistente e mais forte no enfrentamento das suas dores.

Durante uma oração, o paciente libera sentimentos abafados, o que lhe dá conforto; faz pedidos, alimentando a busca por um propósito e ainda pode manifestar gratidão, aumentando a sensação de bem-estar. Então, se traz conforto, esperança e bem-estar, certamente tem um efeito positivo sobre a qualidade de vida, e não é exatamente isso que desejamos ao nosso paciente?

> *Tem que pedir fé ao Homem lá de cima que ele dá, vai ficar bom se Deus quiser, Deus é mais. Ninguém Deus deixou no mundo pra viver desprezado, jogado, não. Essa doença não vai me vencer, eu*

venço ela. Se Deus quiser, eu venço e fico bom, se Deus quiser. (Seu Severino, 64 anos).

Outro superpoder está nos vínculos. Quando duas ou mais pessoas formam vínculos tipo via de mão dupla, uma mão lava a outra, aí está uma rede de suporte social. Há um fluxo para ambos os lados; de experiências, de necessidades, de pontos de vista, de significados. É uma troca em que eu recebo, mas também compartilho. E essa relação é extremamente usada como uma estratégia de enfrentamento entre os pacientes, como forma de estimular a autonomia e a capacidade de superação.

As limitações provocadas pela doença levam a um distanciamento dos relacionamentos e faz com que o paciente fique cada vez mais isolado em seu canto, mais fechado em suas dores, o que pode agravar sentimentos negativos, levando a quadros de ansiedade e depressão, impactando de forma negativa sobre a doença. Daí a importância do suporte social e de incentivar a formação e o estreitamento de vínculos. Família, amigos, relação médico-paciente são alguns exemplos de apoio social extremamente importantes no enfrentamento da doença.

Muitas vezes, o sofrimento causado pela doença é o mesmo que aproxima e une os familiares. Por isso, merecem tanta atenção quanto o paciente. Além disso, a família é uma aliada valiosa nos cuidados e tratamento dos doentes.

Assim também são as amizades. Os amigos são essenciais para ajudar o paciente no processo de adaptação à doença. Os amigos ajudam o paciente a seguir de forma mais leve, mais forte, encorajando-o. Trazem conversas alegres, ajudando a tirar o foco da doença e elevando a autoestima. Por isso, faça amigos.

A troca de experiências que acontece nos vínculos é uma fonte constante de crescimento e aprendizado.

Se não fosse meus netos e meus filhos, aquela é meu anjo (a neta), meu genro. Minha força vem dessas pessoas, e aliás várias pessoas de fora, que gostam de me visitar, me de dar uma mão, me dá

> *uma força, eu vivo bem feliz. Dessa maneira que eu tô aqui, **esse***
> ***povo vem e me alegra, eu fico feliz.** E eu tenho ido, contando essas*
> *vitórias dessa maneira. Mas é um alívio que a gente tem, e eu*
> *sou feliz, graças a Deus. [...] Num desanimo. Sabe por quê? **Eu***
> ***gosto de conversar, muitas coisas eu não sei, eu quero perguntar,***
> ***eu quero aprender.** Dinheiro é bom, mas amizade é melhor ainda.*
> *(Dona Quitéria, 86 anos).*

Daí se percebe a importância dos grupos de apoio e sua influência positiva sobre a forma como o paciente vê a sua doença e sobre a qualidade de vida. Permite olhar o mesmo problema sob diferentes perspectivas.

E foi isso que presenciei quando formei um grupo na época do mestrado, o Grupo Inspira-Ação, formado por idosos com doenças respiratórias crônicas. Inspira-Ação porque remetia a um dos processos da respiração, dava a ideia de algo dinâmico e inspirador. Sim, porque eles são de fato inspiradores. Pessoas diferentes que compartilham o mesmo problema e buscam constantemente estratégias para enfrentar a doença, alimentam a esperança e têm uma capacidade de superação excepcional. Porque, apesar de todo o sofrimento, eles abraçam a vida.

No próximo capítulo, veremos o papel do médico nessa desafiante missão de aliviar as dores.

9

Sobre a arte de aliviar as dores

E qual o papel do médico no enfrentamento da doença pelo paciente? Pelo aspecto prolongado da doença ou por não ter cura é que a relação médico-paciente se torna ainda mais importante. A relação entre médico e paciente pode impactar tanto de maneira positiva quanto negativa sobre a forma como o paciente lida com a sua doença. Uma boa relação pode aliviar o sofrimento do paciente, e esse é o verdadeiro papel do médico. Porque, infelizmente, nem sempre temos o poder de curar. Mas, por outro lado, somos capazes de aliviar as dores do corpo e cuidar das feridas da alma e, dessa forma, a gente leva saúde na doença. Sim, porque promover saúde já é um desafio, e ainda maior quando se deseja levar saúde na doença.

Mas para encarar o desafio, é preciso se colocar no lugar do paciente e se perguntar com sinceridade, "e se fosse comigo", isso é ter empatia, e é um requisito fundamental para o médico. Compreender que a doença deixa a pessoa mais vulnerável e fragilizada.

Há vários médicos que marcaram a minha vida pela forma com que tratam os seus pacientes. E é tão interessante que a gente admira tanto que acaba se apaixonando pela área deles sem nem se dar conta, porque são pessoas que inspiram e vão fazendo seguidores por onde passam. São tantos que não posso citar nomes, pois certamente iria esquecer de um deles. Professores, preceptores, médicos que me moldaram no decorrer da minha jornada e no amor pela medicina e pelos pacientes.

Para ajudar o paciente a enfrentar a doença, é preciso ajudá-lo a encontrar sentido na doença, e estar atento às necessidades e às percepções que ele tem sobre a doença. É preciso compreender os significados do que é ser doente e estar preso às limitações impostas.

É preciso ver além das evidências, enxergar com o coração; para ajudar no enfrentamento da doença, é preciso considerar o paciente como um todo, além da biologia, da medicina.

É preciso permitir ao paciente participar do planejamento do seu próprio tratamento. É mostrar opções e juntos, médico e paciente, buscarão um caminho mais suave para o processo de adaptação. Esse processo ajuda o paciente a desenvolver a autonomia e a encontrar um poder que já existe dentro dele.

Há uma potência tão grande nesse vínculo médico e paciente que recebemos um certificado de confiança intransferível e muitas vezes somos adotados como membros da família. É algo tão divino, uma mistura de admiração e, acima de tudo, gratidão. Meu irmão mais velho, que faleceu, era médico, e costumava dizer que nossa profissão era especial porque o paciente sempre dizia ao sair: "Deus te abençoe", ou "o senhor está em nossas orações".

A medicina é feita por pessoas, para cuidar das pessoas. Para ajudar o paciente, o médico precisa esclarecer dúvidas, medos e anseios, de maneira simples e clara, sobre a doença, prognóstico e tratamento. Mas sem tirar as esperanças do paciente.

> *Quem descobriu minha doença foi essa Dra, mas **ela não me desesperançou**. (Dona Conceição, 66 anos).*

É uma troca na qual médico-paciente-família formam uma parceria no enfrentamento à doença e não há tecnologia que possa destruir a potência desse vínculo.

Acredito que todo profissional de saúde precisa de um preparo sobre comunicação e relacionamentos. Nós lidamos com notícias ruins, de doenças, notícias de morte. Ninguém quer ou está preparado para receber esse tipo de notícia. Na verdade, *"Todo mundo só quer aturar mais"*. E a forma como uma informação ruim é passada pode desestruturar vida(s).

Para ser um bom médico, é preciso ter uma boa formação, estudo contínuo para estar atualizado. Mas o conhecimento não deve estar acima da essência da medicina, que é o cuidado do outro.

A doença nos torna vulneráveis, e qualquer um pode estar na condição de paciente (inclusive o médico!) e, nesse momento, o que você mais quer, além de competência (claro!), é alguém que se preocupe verdadeiramente com você e lhe ajude na difícil tarefa de adaptação à doença.

A doença vem como um maremoto e passa por cima de tudo, interrompe planos. Não dá para dizer "espera um pouquinho, me deixa resolver umas coisas antes"; ela simplesmente não espera.

Há um relato famoso de um endocrinologista diagnosticado com uma doença neurológica degenerativa, que fala a respeito da sua experiência com seu neurologista:

> [...] fiquei desiludido com a maneira impessoal de se comunicar com os pacientes. Não demonstrou, em momento nenhum, interesse por mim como pessoa que estava sofrendo. Não me fez nenhuma pergunta sobre o meu trabalho. Não me aconselhou nada a respeito do que tinha que fazer ou do que considerava importante psicologicamente, para facilitar o enfrentamento das minhas reações, a fim de me adaptar e responder à doença degenerativa.[2]

No final da minha primeira gestação, em torno de 33 semanas, acordei com dores muito fortes no abdome. Após uma semana de internamento, minha bolsa rompeu num sábado à noite. Depois de vários desencontros (daria um livro só dessa noite), tudo só terminou bem porque minha médica foi fabulosa, competente, humana

---

[2] RABIN; RABIN, 1982 *apud* HAHN, R. **Sickness and healing**: an anthropological perspective. New Haven: Yale University, 1995. p. 245.

e dedicada. Ela não só fez o trabalho dela, mas o fez com amor, o que tornou tudo diferente.

Para o médico fazer a diferença, começa desde o acolhimento. É nesse cuidado dedicado ao paciente que o ajudamos a encontrar o brilho ofuscado pela doença. E esse vínculo é uma tecnologia leve, cada vez mais necessária para o profissional que lida com doentes crônicos, que você vai conhecer melhor nas próximas páginas.

10

Muito além das medicações inalatórias

É assim, todo e qualquer conhecimento usado para amenizar os problemas de saúde é chamado de tecnologias em saúde. Uma máquina de ressonância, um aparelho de tomografia, um mamógrafo, são um tipo de tecnologia para melhorar a saúde, porém, são rígidas, inflexíveis e, portanto, são classificadas como tecnologias duras. Os conhecimentos, por exemplo, diretrizes para tratamento da asma, consenso sobre doenças respiratórias e protocolos hospitalares são as tecnologias leve-duras. E, finalmente, as relações, o acolhimento, o encontro entre o profissional de saúde e o paciente também são tecnologias para aliviar os problemas de saúde, porém, são mais flexíveis, mais suaves e, portanto, são classificadas como tecnologias leves[3].

Para promover saúde na doença, antes de tudo, é preciso entender os significados e sentidos que o paciente dá à doença e compreender suas necessidades. O que é bom para mim pode não ser para você. Cada um tem suas peculiaridades e é preciso estar disposto a ouvir o paciente.

Os avanços clínicos permitiram melhorar a autonomia e o enfrentamento da doença. Em relação às doenças respiratórias, a medicina trouxe muitos avanços. Hoje, contamos com as medicações inalatórias, as bombinhas, que são práticas, eficazes e com menos efeitos colaterais. Isso, sem dúvida nenhuma, levou a uma melhora importante da qualidade de vida. Porém, é preciso ir além

---

[3] MERHY, E. E. **Saúde**: a cartografia do trabalho vivo. 2. ed. São Paulo: Hucitec, 2005.

das medicações inalatórias, olhar além dos sintomas físicos, considerar aspectos psicológicos, sociais e até espirituais. É preciso lançar mão das tecnologias leves, do cuidado e acolhimento. Isso é ter um olhar integral e completo, é uma combinação de estratégias para levar qualidade de vida e bem-estar.

Para levar qualidade de vida, é preciso estar atento às mudanças que acontecem no paciente. Preparar os pacientes para que eles possam conhecer a si mesmos, saber identificar suas aspirações e aprender a se aceitar, a se respeitar. Ajudá-los a desenvolver habilidades no autocuidado, a fim de que eles possam sair da condição de passageiro e assumir o lugar de piloto da própria vida.

É exatamente isso que a gente precisa fazer com nossos pacientes, emponderá-los, ajudá-los a descobrir a força que há dentro dele para enfrentar a doença. Mas, antes, o paciente precisa se conhecer e descobrir os seus poderes. Por isso é tão importante se preocupar com a saúde mental desses pacientes.

Lembrando que o cuidado não se restringe ao paciente, a atenção se estende aos familiares e cuidadores, que fazem parte de todo o processo.

Porque cuidar é isso, é fazer um furo no muro para ver além dos limites da muralha, para ir mais longe e oferecer o melhor. É estar aberto para discutir novas possibilidades que possam levar qualidade de vida aos pacientes. Porque o objetivo final é sempre o paciente. Ajudá-lo nesse difícil caminho que é a doença.

E por falar em ajudar, no próximo capítulo vamos conversar sobre uma forma diferente para promover bem-estar, melhora dos sintomas, além de melhorar os cuidados com a saúde. Pegue papel e caneta e vamos lá!

11

Escrevendo a sua história

Todo mundo tem uma história para contar, isso é natural, principalmente para os idosos. Quem nunca ouviu uma boa história do avô? Contar histórias é uma coisa quase que inata. Mesmo sem saber ler, as crianças pegam um livro e são capazes de contar a sua versão da história.

Você já contou alguma história sua a alguém? Ao construir uma história sobre um acontecimento, a pessoa organiza as emoções e faz com que a experiência ganhe sentido. Isso ajuda a trabalhar as emoções e dá a sensação de que o problema foi resolvido. Não é só mágico, é libertador! De acordo com a psicologia, ao fazer isso, você está criando uma autonarrativa, convertendo experiências em histórias e dando-lhes um sentido.

Eu sempre gostei de estudar grifando, marcando, aprendo mais assim, como se, ao fazer isso, minha mão determinasse o que deve chegar ao cérebro para ser armazenado. "Cérebro, olha, isso aqui você precisa guardar".

Bom, tanto assim que gosto muito de colocar coisas no papel. Eu não sei você, mas eu funciono muito bem assim. Quando algo está muito complicado para mim, passo para o papel e começo a entender melhor. Nunca soube explicar, mas hoje entendo.

Ao contar histórias, você põe as cartas na mesa, você é capaz de enxergar a si mesmo com mais nitidez; confronta os seus problemas e ansiedades e só então entende melhor algumas coisas. Isso melhora a capacidade de autorreflexão e o insight[4]. Sabe o que é insight? É aquele estalo que dá e uma lâmpada acende! Plim! E aparecem as ideias. E surgem soluções.

Uma das maiores conquistas do homem foi a escrita. Ela permitiu registrar a história da humanidade; os feitos, as experiências, os ensinamentos puderam passar de geração em geração. Perpetuar memórias e eternizar histórias.

Antes da escrita, tudo era uma brincadeira de telefone sem fio. "Quem conta um conto aumenta um ponto". E era exatamente isso que acontecia antes da escrita, a transmissão da mensagem dependia da memória, ou seja, não havia nenhuma garantia de que a ideia inicial chegaria intacta ao ouvinte. Devia rolar uma fofoca aos montes.

Com a escrita, eu posso ler relatos de pessoas que viveram em outra época e saber o que elas vivenciaram, como nas Guerras; posso viajar para o outro lado do mundo, conhecer a cultura e história de um país, entender seu povo, saber sobre seus hábitos sem nem sair do lugar. A escrita aproxima, encurta distâncias, e anula o efeito do tempo, funcionando como uma verdadeira máquina do tempo.

Escrever é algo RE-VO-LU-CIO-NÁ-RIO, não só para a Humanidade como um todo, mas é revolucionário quando a gente pensa de forma individual. Ao escrever, você converte imagens e emoções em palavras e torna tudo mais palpável, menos abstrato. Quando você escreve sobre emoções, você transforma o que estava guardado no inconsciente em consciente, enxerga melhor o problema e tem a oportunidade de mudar de comportamento. Como se, de alguma forma, você estivesse arrumando uma gaveta, e ao fazer esse processo, você vai tranquilizando e sintonizando melhor com você mesmo. Você se sente melhor, e a saúde melhora junto.

Beleza, já entendi que a escrita é tudo de bom, mas como ela pode promover bem-estar e melhorar a saúde? Os primeiros estudos sobre isso começaram na década de 80, quando um pesquisador

---

[4] FIGUEIRAS, M. J.; MARCELINO, D. Escrita terapêutica em contexto de saúde: uma breve revisão. **Análise Psicológica**, v. 26, n. 2, p. 327-334, 2008. Disponível em: http://www.scielo.mec.pt/scielo.php?script=sci_arttext&pid=S087082312008000200012&lng=pt&tlng=pt. Acesso em: 18 dez. 2019.

convidou alunos universitários a participarem de um estudo[5]. A ideia era que eles escrevessem cerca de 15 minutos por dia durante quatro dias. Sabe o que aconteceu? Os alunos que escreveram sobre assuntos com impacto emocional apresentaram notas mais altas e uma diminuição das necessidades de idas ao médico.

Os benefícios da escrita são ainda maiores quanto mais carregados de emoções são os conteúdos e mais difíceis de compartilhar com alguém.

Os estudos sobre os benefícios da escrita continuaram e foram levados para áreas da saúde. Em 1996, convidaram pacientes com artrite reumatoide e asmáticos para escrever sobre experiências traumáticas e estressantes. E por que essas doenças? Porque são doenças extremamente comuns, interferem na realização das atividades do dia a dia e, consequentemente, na qualidade de vida. Eles foram convidados a escrever 20 minutos por dia durante três dias. Observou-se uma melhora dos parâmetros objetivos no grupo de pacientes que discorreram sobre assuntos com grande impacto emocional: tanto nos asmáticos quanto nos pacientes com artrite reumatoide[6]. Depois, convidaram pacientes com HIV para escrever. O paciente HIV está sujeito a um alto nível de estresse e é vítima de muito preconceito. Ao final do estudo, observou-se uma melhora na contagem dos linfócitos CD4 no período de seis meses de seguimento. Mas o que são esses linfócitos? São células de defesa do nosso organismo; nos pacientes com HIV, elas ficam tão baixas a ponto de o paciente ficar sujeito a doenças oportunistas, podendo levar à morte. E como explicar esse aumento nos linfócitos? Uma das explicações dadas é que, ao expressar emoções, houve um menor aumento dos níveis de cortisol e catecolaminas, hormônios relacionados ao estresse[7].

---

[5] PENNEBAKER, J. W.; BEALL, S. K. Confronting a traumatic event: toward an understanding of inhibition and disease. **Journal of Abnormal Psychology**, n. 95, p. 274-281, 1986.

[6] SMYTH, J. M. *et al*. Effects of writing about stressful experiences on symptom reduction in patients with asthma or rheumatoid arthritis: a randomized trial. **JAMA**, v. 281, n. 14, p. 1304-1309, abr. 1999.

[7] PETRIE, K. J. *et al*. Effect of written emotional expression on immune function in patients with human immunodeficiency virus infection: a randomized trial. **Psychosomatic Medicine**, v. 66, n. 2, p. 272-275, mar./abr. 2004.

Se você está diante de um tigre, seu organismo precisa se preparar para correr ou para lutar. O grande problema é quando temos que "matar um touro" todos os dias. Aí a gente entra numa situação de estresse crônico e esses hormônios ficam circulando de boa o tempo inteiro, levando a vários problemas, aumento da pressão arterial, arritmias, obesidade, intolerância à glicose, diabetes, aumento do risco de infarto e acidente vascular, problemas relacionados ao sono, síndrome metabólica, e por aí vai, a lista de efeitos nocivos à saúde é imensa. Não dá para viver sob estresse o tempo todo.

Outro estudo realizado com pacientes com câncer de mama em estágios iniciais mostrou que a expressão das emoções pela escrita melhorou sintomas associados ao câncer e reduziu o número de consultas médicas[8].

Para tudo! Queria deixar bem claro aqui que em nenhum momento eu digo para deixar o acompanhamento médico e começar a escrever. Não! De jeito nenhum. Qualquer coisa estranha no organismo, é preciso procurar ajuda médica. Diferente de outras áreas, a medicina precisa realmente ser baseada em evidências científicas. Definitivamente, não dá para aplicar suposições quando se trata de vidas. Existem consensos, diretrizes e protocolos extremamente discutidos antes de serem elaborados e devem basear as condutas. Para serem comercializadas, as medicações passam por uma série de estudos antes de serem aprovadas.

Um avanço importantíssimo na medicina foi a descoberta da penicilina. O sofrimento de soldados que morriam em virtude de feridas de guerra infectadas deu uma guinada depois que Alexander Fleming criou o primeiro antibiótico. Desde então, a descoberta de novos medicamentos e os progressos na medicina têm salvado vidas, prolongando anos, retardando e minimizando complicações de doenças, aliviando sintomas e amenizando o sofrimento humano.

Então, as medicações são extremamente bem-vindas quando bem indicadas e usadas de maneira racional.

---

[8] STANTON, A. L. *et al*. Randomized, controlled trial of written emotional expression and benefit finding in breast cancer patients. **J. Clin Oncol.**, n. 20, p. 4160-4168, 2002.

O que eu quero é mostrar algo a mais, que a gente pode melhorar ainda mais a qualidade de vida dos pacientes, lançando mão de ferramentas complementares.

A escrita pode ser usada como uma terapia não medicamentosa associada ao tratamento convencional para ajudar o paciente a se conhecer e lidar melhor com a sua doença e suas limitações. Escrever melhora sintomas, melhora a sensação de bem-estar[9], inclusive, melhora os cuidados com a própria saúde, melhora a saúde de uma forma geral.

Se conseguíssemos ajudar na forma como a pessoa percebe a sua doença, talvez pudéssemos modificar positivamente a forma como ela enxerga a si mesma e o mundo em sua volta, e lhe dar um novo sentido.

Então, se a escrita pode ajudar alguém a se compreender melhor, melhora a percepção sobre as experiências, ajuda a lidar com emoções e tem várias evidências mostrando que pode ajudar várias pessoas a lidar com seus problemas, inclusive com pacientes com doenças crônicas e limitantes, por que não usar a escrita com a finalidade de aumentar a resiliência dos nossos pacientes?

Foi exatamente essa a minha ideia quando convidei pacientes com doenças respiratórias a escreverem uma carta para sua doença. Os relatos que vocês estão lendo ao longo do livro foram fruto desse trabalho[10].

Cada um carrega uma história. Quando me perguntam se eu cuido de doenças respiratórias, respondo que não. É muito maior que isso. Cuido de pessoas, com nomes e histórias de vida, com doenças crônicas.

---

[9] *Ibid.*, p. 6.

[10] MARROCOS, S. M. **Promoção de saúde voltada à idosos com doenças respiratórias crônicas:** cartas para minha doença e grupo inspira-ação. 2019. 117 f. Dissertação (Mestrado Profissional em Psicologia) – Universidade de Pernambuco, Garanhuns, 2019.

12

"Nascemos para sermos vencedores"

Tudo o que puder ser usado para melhorar a vida do paciente é bem-vindo, desde que não cause danos ou possa interferir negativamente sobre o tratamento. O paciente não só precisa, como também merece estratégias que possam melhorar a sua capacidade de superação, a sua resiliência. Essa é uma palavra relativamente nova em nosso vocabulário, mas uma velha conhecida.

Agora vamos pensar numa mola, podemos esticá-la e, ao soltarmos, ela volta ao seu estado inicial; o mesmo acontece se comprimirmos a mola. Assim é uma pessoa resiliente, as adversidades, seja da doença ou da vida, podem até deformá-la temporariamente, mas não em definitivo, pois ela consegue retornar à sua essência e construir uma trajetória positiva.

O paciente resiliente tem mais força para enfrentar a jornada e isso não significa negar a doença e suas limitações. Pelo contrário. O paciente resiliente escolhe a vida, e cria algo bom apesar das dificuldades. É focar mais no lado positivo[11]. Como numa foto, quando se quer dar ênfase em algo, a gente desfoca o fundo, deixando mais embaçado, e destaca aquilo que se quer ver, mas o fundo da foto continua lá.

Para ser resiliente, é preciso ser otimista, ter flexibilidade, uma pitada de criatividade e muita fé em si mesmo; é criar pontes para abismos e acreditar que você pode chegar ao outro lado.

---

[11] RUTTER, M. Resilience: some conceptual considerations. **Journal of Adolescent Health**, 14, p. 626-31, dez. 1993.

A resiliência é uma habilidade que pode ser treinada e aprendida, mas ninguém pode fazer isso por você. Como qualquer outra habilidade, é preciso treinar. Ninguém nasce sabendo dirigir.

Conheço várias pessoas assim, resilientes. Há vários exemplos nos esportes, de superação, de luta, principalmente no que se refere aos atletas paraolímpicos. Mas, acima de tudo, há vários exemplos na nossa vida real, bem do nosso lado. É só começar a observar.

> *A gente tem que ficar alegre porque, por causa da vida da gente, num pode ficar triste, se for ficar triste, a doença vai aumentar mais, tem que ter alegria e fé, porque **não nascemos pra ser vencidos, mas pra sermos vencedores;** se entregar, pior. (Seu Severino, 64 anos).*

Estamos rodeados de Eduardas, Severinos, Quitérias, Zuilas. Existem aquelas pessoas que realmente têm sua luz própria e saem por aí, distribuindo seu brilho e iluminando vidas.

A resiliência é fundamental no enfrentamento da doença. Isso quando se deseja mudar vidas, levar saúde, promover verdadeiramente qualidade de vida. E é justamente essa benfeitoria que nós, profissionais de saúde, queremos levar ao nosso paciente.

Mas, para isso, é preciso estimular as potencialidades do doente, fazê-lo enxergar que os poderes estão dentro dele. Basta colocar no "play", deixar fluir, para que ele possa ir além dos seus limites, enxergar além da doença, criar novas possibilidades, novas trajetórias e contar novas histórias.

> *Não desesperar. Se a pessoa tá meio triste, fica triste não. Bola pra frente. Se tiver uma festa, vai pra festa. Se tiver uma festa pra se alegrar e o convite do amigo, vá. **Vá devagar, não vá correndo que não pode, mas vá.** Vá visitar um parente, visitar um amigo. Isso é bom, você se distrai. A gente fica em casa, fica triste, a doença tá me matando. Deus é mais, eu venço essa danada, vamos rir dela. Eu sou forte, creio em Deus. (Seu Severino, 64 anos).*

Não é que esse recado de seu Severino se encaixa perfeitamente em qualquer situação da nossa vida, sonhos, planos? Se tudo estiver difícil, se o vento soprar contra, se as condições parecerem desfavoráveis: *"Vá devagar, não vá correndo que não pode, mas vá"*.

E por falar em resiliente, lembra daquela paciente que começou o livro, Eduarda?

Eduarda emagreceu, fez plástica, mandou fazer uma tatuagem, encontrou até um novo amor para dividir a caminhada. Está ainda mais bonita. Seus filhos estão muito bem, têm uma mãe superguerreira. Ainda está na luta das idas e vindas das avaliações pelo transplante pulmonar. Dias difíceis? Sempre existem! Mas ela escolhe todos os dias lutar pela vida e fazer acontecer, virar a página e contar uma nova história todos os dias.

15 de abril de 2019

Desde o momento em que soube dessa doença, foi como se a minha vida estivesse acabado definitivamente, chorava dia-após-dia, não sentia vontade de viver, pois esse viver parecia tão distante, impossível, definindo os meus dias [...]

O tempo passou, percebi que não adiantava aquela profunda angústia, nada mudaria a minha realidade, nem com lamentos, tristeza. Foquei então em meus filhos (Ana, 13 anos e Augusto, 04 anos), vi o quanto eles precisavam de mim, como amiga, companheira e, principalmente, mãe.

De certa forma, por incrível que pareça, resolvi viver mais a vida, até então não saía desde o falecimento do meu marido (2016), me fechei para o mundo, para a felicidade, minha casa tornou-se o meu mundo. Pensei comigo mesma: vou morrer logo, não tenho muito tempo de vida, preciso fazer coisas que não fiz... É isso que estou tentando fazer, ficando mais ao lado da minha família, das pessoas que amo, sair com meus filhos, enfim aproveitar o tempo da melhor forma.

Quando falei 'fazer coisas que nunca fiz', não significa atos errados, de forma alguma. Em dezembro de 2018, quando estive em São Paulo para a primeira consulta para avaliação de transplante, resolvi fazer uma tatuagem, então isso me surpreendeu, achei o máximo... Outro dia vim para uma festa com minha família, tomei vinho, dancei um pouco, foi uma noite agradável e feliz, surgiu até um pretendente a namorado... estamos nos falando por telefone, vamos ver o que vai dar. Lembrei do que você falou, em nosso último encontro em seu consultório, 'quando você menos esperar, vai aparecer alguém em sua vida', que profecia, hein?! [...]

Atualmente me preparo para a minha segunda viagem para São Paulo para avaliação do transplante. [...] Evito me encher de falsas expectativas, prefiro deixar as coisas acontecerem aos poucos, viver um dia de cada vez, estou tranquila e me coloquei inteiramente nas mãos de Jesus, que Ele faça em minha vida a sua vontade, não a minha. Então é isso aí, estou e me sinto feliz, em paz comigo mesma e pronta para enfrentar os obstáculos que virão, [...] Nunca, jamais perco as esperanças, pois os planos de Deus são maiores que os meus. Caso os médicos me coloquem na lista para [transplante do pulmão], meus filhos irão morar comigo em São Paulo, juntos enfrentaremos essa batalha, até o dia que Deus permitir. Salmo 102: "Senhor, ouve a minha oração e chegue a ti o meu clamor".

13

Agora, mãos na massa

Melhor dizendo, na caneta e no papel. Se você pudesse falar com a sua doença, o que diria? Agora que você já sabe que escrever é tudo de bom, quero convidar você, meu querido leitor, que me acompanhou até aqui a fazer valer a pena. Pegue uma caneta e alguns papéis, sente-se num local iluminado, arejado e confortável, mas sem ninguém por perto. Quero que você se concentre para mergulhar no seu universo, sem interferências do mundo lá fora.

Sugiro que não se preocupe com regras de português, não é esse o objetivo. Deixe fluir. Apenas seja sincero com você mesmo e escreva o que vier à mente. Sintonize mente, alma e coração e apenas escreva. Caso você não saiba escrever ou algo o impeça, peça a alguém de confiança para escrever por você. Ao final de tudo, peça para que leia a carta para você.

Não sei qual a sua doença, o que lhe trouxe até aqui. Pode ser que seja com alguém que você ama muito e deseja ajudar. Conte um pouco sobre a doença, o que ela fez com a sua vida ou com a de quem você ama, conte sobre as limitações de conviver com ela e as feridas que causou. Como você se sente em relação à doença, e o que mais incomoda?

Sei que não foi e nem tem sido fácil, mas acredite, você é um herói. Não se culpe, perdoe-se pelos erros, você tentou fazer o melhor. Escreva sobre os caminhos que você percorreu para chegar até aqui, sobre as renúncias e escolhas que teve que fazer por causa da doença. Escreva sobre aquelas longas batalhas quando você passou sem descansar, e muitas vezes fizeram você pensar em desistir.

Se você está lendo este livro e chegou até aqui, eu sei que você quer virar a página e se permitir enxergar caminhos novos, criar oportunidades e escrever novas histórias.

Então, deixa esse lápis ajudar a contar a sua história!

Depois da chuva, vem um lindo sol para acalmar o coração. Agora, quero lhe pedir que escreva sobre esse sol, sobre o que lhe faz forte, quais as ferramentas que você usa para enfrentar a doença.

Conte um pouco sobre aqueles momentos que ajudaram você a seguir adiante, o nascimento de um neto, o sorriso de um filho, um momento especial.

O que fazia levantar da cama quando tudo parecia amarrar você a ela?

Conte sobre os momentos que fizeram valer a pena ter escalado a montanha e que fizeram você desejar eternizar o tempo, parar as horas. Porque todos temos momentos assim, procure lembrar deles agora. Quem foram as pessoas que estavam ao seu lado nesses momentos, aquelas que lhe ajudaram a encontrar a saída quando tudo parecia tão escuro, a encontrar o tom certo da música?

E quando vem a desesperança, a vontade de desistir, em que você se apoia? Feche os olhos, respire fundo e devagar, deixe o ar tomar conta dos seus pulmões e sinta de onde vem a sua força; sim, porque existe uma luz dentro de você, muito, mas muito maior do que você imagina, mas que anda sufocada, abafada. Deixe que esse brilho tome conta de você e te conduza por um novo caminho. Essa escolha depende de você.

Agradeça por todas as pessoas que ajudaram ou ajudam você nessa jornada. Agradeça por tudo o que te faz bem e que te dá forças para seguir.

"O lápis mais fraco é mais forte que a mente mais forte" (Greg MacKeown)

Figura 2 – Comece AGORA a escrever sua História

Fonte: https://pixabay.com/pt/photos/café-caneta-notebook-cafeína-copa-2306471/

Agora, leia a sua carta ou peça para alguém ler para você. Esvazie-se das dores, e renove as suas forças para um novo começo, para um novo dia.

Todo dia é um recomeço, é uma página em branco. Escolha escrever uma nova história, apesar das dores, da falta de ar, do sofrimento. A escolha é sua, ninguém mais pode fazer isso por você.

Depois de escrever sobre seu sofrimento, de pensar sobre as pessoas e as ferramentas que ajudam a enfrentar a doença, se quiser, compartilhe sua história comigo. Mande sua carta para cartasqueinspiram@gmail.com. Você pode ser a inspiração na vida de alguém. De que adianta ser uma fonte de luz se você não iluminar as pessoas ao seu redor?

Sua luz é tão intensa que pode inspirar outras pessoas com problemas semelhantes aos seus e ajudá-las a ser mais fortes e mais resilientes. "O que fazemos em vida, ecoa na eternidade" (do filme *O Gladiador*)

P.S.: Sua história não termina aqui, permita-se escrever uma nova história todos os dias e que, ao final de cada dia, seja ele bom ou ruim, você possa se orgulhar por ter se esforçado para dar um novo sentido à vida.

Figura 3 – Que a sua história sempre possa inspirar alguém a ser/viver melhor

Fonte: https://pixabay.com/pt/illustrations

Referências

DUNGER, C. *et al*. Breathlessness and crises in thecontext of advanced illness: a comparison between COPD and lung cancer patients. **Palliat Support Care**, n. 13, p. 229-237, 2015.

FIGUEIRAS, M. J.; MARCELINO, D. Escrita terapêutica em contexto de saúde: uma breve revisão. **Análise Psicológica**, v. 26, n. 2, p. 327-334, 2008. Disponível em: http://www.scielo.mec.pt/scielo.php?script=sci_arttext&pid=S087082312008000200012&lng=pt&tlng=pt. Acesso em: 18 dez. 2019.

HAHN, R. **Sickness and healing**: an anthropological perspective. New Haven: Yale University, 1995.

MARROCOS, S. M. **Promoção de saúde voltada à idosos com doenças respiratórias crônicas**: cartas para minha doença e grupo inspira-ação. 2019. 117 f. Dissertação (Mestrado Profissional em Psicologia) – Universidade de Pernambuco, Garanhuns, 2019.

MERHY, E. E. **Saúde**: a cartografia do trabalho vivo. 2. ed. São Paulo: Hucitec, 2005.

PENNEBAKER, J. W.; BEALL, S. K. Confronting a traumatic event: toward an understanding of inhibition and disease. **Journal of Abnormal Psychology**, n. 95, p. 274-281, 1986.

PETRIE, K. J. *et al*. Effect of written emotional expression on immune function in patients with human immunodeficiency virus infection: a randomized trial. **Psychosomatic Medicine**, v. 66, n. 2, p. 272-275, mar./abr. 2004.

RUTTER, M. Resilience: some conceptual considerations. **Journal of Adolescent Health**, 14, p. 626-31, dez. 1993.

SMYTH, J. M. *et al.* Effects of writing about stressful experiences on symptom reduction in patients with asthma or rheumatoid arthritis: a randomized trial. **JAMA**, v. 281, n. 14, p. 1304-1309, abr. 1999.

STANTON, A. L. *et al.* Randomized, controlled trial of written emotional expression and benefit finding in breast cancer patients. **J. Clin Oncol.**, n. 20, p. 4160-4168, 2002.